3 février 1883 P

VENTE DU SAMEDI 3 FÉVRIER 1883

TABLEAUX MODERNES

Me PAUL CHEVALLIER, Commissaire-Priseur

M. G. PETIT, Expert

IMPRIMERIE PILLET ET DUMOULIN
Rue des Grands-Augustins, 5, à Paris.

CATALOGUE

DE

TABLEAUX

MODERNES

Dépendant en partie de la Collection de Mme R...

ET DONT LA VENTE

AURA LIEU HOTEL DROUOT, SALLE N° 8

Le Samedi 3 Février 1883,

A trois heures et demie

COMMISSAIRE-PRISEUR

Me PAUL CHEVALLIER, Succr de Me CH. PILLET

10, rue de la Grange-Batelière,

M. GEORGES PETIT, Expert, 7, rue Saint-Georges;

Chez lesquels se trouve le présent Catalogue.

EXPOSITIONS

PARTICULIÈRE : le Vendredi 2 Février 1883, de 1 heure à 5 heures

PUBLIQUE : le Samedi 3 Février 1883, jour de la vente,

de midi à 3 heures.

CONDITIONS DE LA VENTE

La vente sera faite au comptant.

Les acquéreurs payeront cinq pour cent en sus des enchères applicables aux frais.

Paris. — Typ. Pillet et Dumoulin, 5, rue des Grands-Augustins.

DÉSIGNATION

BONVIN

1 — *Nature morte. Chaudron de cuivre, artichauts, tomates.*

H. 18. L. 15.

BONVIN

2 — *Le Petit Forgeron.*

H. 40. L. 27.

BOUDIN

3 — *Entrée d'un port.*

H. 21. L. 26.

CAZIN

4 — *Agar et Ismaël.*

H. 43. L. 63.

CAZIN

5 — *L'Automne.*

H. 58. L. 73.

CHAIGNEAU

6 — *Troupeau de moutons dans la plaine.*

H. 09. L. 20.

CHAIGNEAU

7 — *Troupeau de moutons près d'une ferme.*

H. 23. L. 34.

COROT

8 — *La Levée du filet.*

Daté 1871.

H. 65. L. 80.

COROT

9 — *Paysage. Près des étangs de Ville-d'Avray.*

H. 37. L. 42.

COURBET (Gustave)

10 — *L'Immensité.*

H. 90. L. 1.[illegible]0.

COURTAT (L.)

11 — *Une Mulâtresse.*

H. 42. L. 34.

DAUBIGNY

12 — *Village au bord de la Seine.*

Daté 1878.

H. 38. L, 67.

DECAMPS

13 — *Paysage.*

Soleil couchant.

H. 24. L. 32.

DELACROIX (E.)

14 — *La Paix descendant sur la terre.*

Esquisse du plafond de la Paix, à l'Hôtel de Ville, incendié en 1871.

Forme ronde. Diam. 45.

DELACROIX (E.)

15 — *Hercule au repos.*

Dessus de porte du salon de la Paix, à l'Hôtel de Ville, incendié en 1871.

Forme cintrée. H. 24. L. 45.

DELACROIX (E.)

16 — *Minerve présentant à Junon Hercule enfant.*

Dessus de porte du salon de la Paix à l'Hôtel de Ville incendié en en 1871.

Forme cintrée. H. 24. L. 45.

DUEZ

17 — *L'Accouchée.*

Salon de 187...

H. 95. L. 1.55.

DUPRÉ (Jules)

18 — *Les Chaumières.*

H. 26. L. 34.

FANTIN

19 — *Plat de pêches.*

H. 26. L. 36.

FLERS

20 — *Le Canal Saint-Denis, près le pont de Flandres.*

Salon de 1857.

H. 1.10. L. 1.60

FLERS

21 — *Bords de rivière.*

Aquarelle.

H. 25. L. 40.

FLERS

22 — *Vue prise à Saint-Denis.*

Salon de 1859.

H. 40. L. 60.

FLERS

23 — *Le Moulin à eau.*

H. 40. L. 60.

FLERS

24 — *Verger à Aumale (Normandie).*

Salon de 1861.

H. 50. L. 60.

FLERS

25 — *La Moisson à Fresnes (Seine-et-Marne).*

Salon de 1859.

H. 56. L. 92.

FLERS

26 — *Les Bûcherons.*

H. 68. L. 1.00.

FLERS

27 — *Les Tuileries du Perrey, au Havre.*

Salon de 1860.

H. 98. L. 1.35.

HUMBERT

28 — *La Femme adultère aux pieds du Christ.*

H. 2.62. L. 1.52.

JACQUE (Ch.)

29 — *Deux porcs.*

H. 17. L. 30.

JONGKIND

30 — *Moulins à Dordrecht.*

H. 32. L. 52.

DE KNYFF et STEVENS (A.)

31 — *Allée de parc.*

H. 1.05. L. 75.

MARILHAT

32 — *Étude de la forêt de Fontainebleau.*

H. 42. L. 36.

MARTIN

33 — *Nature morte.*

Deux pendants.

MILLET (J.-F.)

34 — *Les Pêcheurs de varech.*

H. 31. L. 30.

POINTELIN

35 — *Paysage.*

Le Matin.

H. 74. L. 1.04.

POKITONOFF

36 — *Vue de Bessancourt, paysanne cueillant des cerises.*

H. 13. L. 17.

REYNAUD

37 — *Le Départ des petits Savoyards.*

H. 53. L. 42.

RIBOT

38 — *Les Musiciens.*

H. 66. L. 92.

RIBOT

39 — *Le Joueur de guitare.*

H. 44. L. 36.

ROBERT-FLEURY

40 — *Un Concile sous le pape Clément XI.*

Le Concile est assemblé pour entendre la lecture du fameux formulaire à propos du livre de Jansénius.

H. 89. L. 1.25.

TASSAERT (O.)

41 — *L'Aïeule.*

H. 75. L. 60.

VAUQUELIN (René)

42 — *Le Mozabite.*

H. 1.05. L. 1.45.

VAUQUELIN (René)

43 — *Une Algérienne.*

Étude.

H. 50. L. 36.

VOLLON

44 — *Une Rue de village.*

H. 30. L. 36.

LHERMITTE

45 — *Intérieur de tisserand.*

Dessin au crayon noir.

H. 50. L. 65.

POINTELIN

46 — *Le Ruisseau.*

Pastel.

H. 64. L. 94.

WILDA

47 — *A Versailles.*

Aquarelle.

WILDA

48 — *Le Peintre gentilhomme.*

Aquarelle.

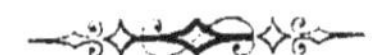

www.ingramcontent.com/pod-product-compliance
Ingram Content Group UK Ltd.
Pitfield, Milton Keynes, MK11 3LW, UK
UKHW020543180726
13839UKWH00006B/2683